Recomendações

Recomendamos este pequeno volume não somente aos pais crentes, mas a todos os que desejam criar seus filhos de tal modo que eles se tornem uma honra para si mesmos e uma bênção para seus semelhantes.

The New York Weekly Messenger e
Young Men's Advocate, 1835

Este belo e pequeno volume... deveria estar nas mãos de todo pai em nosso país; todo pai que, em seu coração, possui interesse temporal e eterno por seus descendentes.

Commercial Advertiser, 1835

DICAS *para* PAIS

GARDINER SPRING
& TEDD TRIPP

FIEL
Editora

```
S769d    Spring, Gardiner, 1785-1873
         Dicas para pais : princípios bíblicos para a família /
         Gardiner Spring & Tedd Tripp ; [tradução: Francisco
         Wellington Ferreira]. – 3. reimpr. – São José dos Campos,
         SP: Fiel, 2017.

         93 p.
         Tradução de: Hints for parents.
         Subtítulo retirado da capa.
         ISBN 9788599145166

         1. Ensino religioso de crianças - Formação no lar. I.
         Tripp, Tedd. II. Título.

                                                        CDD: 204.4
```

Catalogação na publicação: Mariana C. de Melo Pedrosa – CRB07/6477

DICAS PARA PAIS

Traduzido do original em inglês:
Hints for Parents por Gardiner Spring
Copyright©2004 Shepherd Press

∎

Publicado originalmente em inglês em 1835
Reeditado em 2004 nos Estados Unidos por
Shepherd Press, Com comentários de Tedd Tripp.

∎

Copyright©2006 Editora FIEL.
1ª Edição em Português: 2006
2ª Edição em Português: 2012

*Todos os direitos em língua portuguesa reservados
por Editora Fiel da Missão Evangélica Literária*

PROIBIDA A REPRODUÇÃO DESTE LIVRO POR
QUAISQUER MEIOS, SEM A PERMISSÃO ESCRITA
DOS EDITORES, SALVO EM BREVES CITAÇÕES, COM
INDICAÇÃO DA FONTE.

∎

Diretor: Tiago J. Santos Filho
Editor: Tiago J. Santos Filho
Tradução: Francisco Wellington Ferreira
Revisão: Marilene Paschoal;
Ana Paula Eusébio Pereira
Diagramação: Wirley Corrêa - Layout
Capa: Edvânio Silva
ISBN: 978-85-99145-16-6

FIEL Editora
Caixa Postal 1601
CEP: 12230-971
São José dos Campos, SP
PABX: (12) 3919-9999
www.editorafiel.com.br

Sumário

Prefácio 7

CAPÍTULO 1

        Verdades Importantes que devemos Ensinar
        aos Nossos Filhos...11

CAPÍTULO 2

        Medidas a Usarmos ao Ensinar Nossos Filhos.............33

CAPÍTULO 3

        Motivações para a Paternidade Fiel 61

CAPÍTULO 4

        Coragem! Tenha Coragem! 77

CAPÍTULO 5

        O Dever da Instrução por meio do Catecismo............83

Prefácio

"Com a bênção de Deus, está no poder dos pais impedirem o declínio da piedade, suprimirem os habituais erros espirituais, promoverem o avanço da verdade e da piedade, melhorarem e salvarem o mundo." Com estas poderosas palavras de encorajamento, o pastor Gardiner Spring (educado na Universidade Yale, século XIX) conduz os pais contemporâneos de volta aos eternos princípios bíblicos para crianças, pais e lares felizes.

Depois de considerar atentamente a constituição da sociedade humana, você se convencerá de que a educação espiritual de nossos filhos é um dos grandes meios da graça e da salvação de Deus.

Mas, aonde nos conduzem a Palavra de Deus e a sã experiência? O que mais provavelmente nos levará a esse sublime bem — a salvação de nossos filhos? Este livro oferece algumas sugestões.

Em todo este livro, você achará pequenos blocos de texto nos quais apresento comentários sobre a obra de Spring, Dicas para Pais.

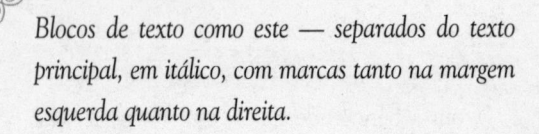

> *Blocos de texto como este — separados do texto principal, em itálico, com marcas tanto na margem esquerda quanto na direita.*

Pense sobre meus comentários, em destaque. Imagine que estamos lendo este livro em voz alta, um para o outro (às vezes, faço isto com as pessoas às quais sirvo como pastor). Enquanto lemos, paro ocasionalmente e faço comentários e observações que enfatizam a importância do que estamos lendo.

Meus comentários são diversificados.

Alguns são lembretes de passagens das Escrituras

que esclareçam e aprofundam o ensino que estamos lendo no texto de Gardiner Spring.

Em outros casos, estou apenas mantendo diante de nós a esperança da cruz. Sabemos que toda obediência evangélica é motivada pela graça e pela esperança do evangelho; e recordamos o que é necessário para não cairmos em uma mentalidade de obras ou legalismo.

Alguns de meus comentários têm o propósito de mostrar o benefício e a validade de coisas que há muito se perderam em nossa cultura. Esta se afastou, a passos largos, dos alicerces do pensamento bíblico.

Gardiner Spring pressupõe uma estrutura cultural que se perdeu gerações atrás. Como povo de Deus, parte de nosso chamado consiste em recuperar o que foi perdido.

As sugestões de Spring estão organizadas em quatro assuntos:

1. *Verdades importantes que devemos ensinar aos nossos filhos;*
2. *Medidas a usarmos no ensino destas verdades;*
3. *Motivações para sermos fiéis no trabalho paterno;*
4. *Os encorajamentos vindos das promessas de um Deus fiel.*

Deleito-me em ler esta obra com você. Espero que meus comentários enriqueçam nossa leitura e não sejam uma distração. Penso que obteremos muito proveito para a alma nos conselhos que o Pr. Gardiner Spring nos oferece.

Tedd Tripp

Capítulo 1

Verdades Importantes que devemos Ensinar aos Nossos Filhos

SUJEIÇÃO À AUTORIDADE

Freqüentemente, a Palavra de Deus nos exorta a estarmos *em sujeição à autoridade*. Se existe um lugar onde este princípio deve ser firme e certo, esse lugar é a família. Bem-aventurada é a família que cultiva o hábito de sujeição.

O Deus da natureza atribuiu ao controle dos pais os anos da infância e da adolescência. Este sistema sábio e amável não pode ser menosprezado sem pôr em risco os melhores interesses de nossos filhos, quanto ao presente e à eternidade. Este é o sistema que preservará um filho de muitos males.

> *Nossa apresentação da necessidade de submissão ou sujeição sempre tem de ser positiva. Pense em transmitir esta verdade da seguinte maneira: "Meu filho querido, Deus, que é bom, gracioso e amável, que criou a mim, a você e a todas as coisas, para a sua glória, deu-lhe a mamãe e o papai. Nós o amamos. Temos sabedoria e experiência de vida. É bom que você permaneça sob a autoridade de Deus. Ele prometeu (Ef 6.1-3) que, se você obedecer, tudo lhe irá bem e você desfrutará de muitos anos de vida. Mamãe e papai insistem em sua obediência, porque sabemos que esta é a melhor coisa para você".*

Um espírito que leva em conta os desejos dos pais, que hesita em violar a autoridade deles, que prefere sacrificar sua própria satisfação — este espírito é um dos escudos mais fortes que pode envolver o caráter do jovem.

Na verdade, este espírito de submissão ajuda-nos a

levá-los à pureza desde a infância. Nem todo filho submisso é puro; todavia, é mais provável que um filho submisso torne-se puro, do que outro de temperamento obstinado e inflexível.

RESPEITO SAGRADO PELA VERDADE

Respeito sagrado pela verdade também é um hábito primordial. Que diferença existe nas disposições dos filhos! Alguns raramente dizem uma mentira, se é que o fazem; e outros parecem haver nascido com língua mentirosa. É terrível ver como um hábito infantil de contar histórias mentirosas e extravagantes, se apega ao caráter de uma pessoa.

E que forte barreira esta atitude de mentir levanta no caminho da santidade e do céu! Os filhos têm de aprender a imensa importância de sempre falar a verdade. Têm de ver que o amor, a confiança e a honra — ou o desgosto, a desconfiança e a desonra — os seguirão à medida que se permitem guiar pela verdade ou pela mentira. Toda falsa afirmação, toda habilidade de ocultar a verdade, todo exagero e toda quebra de promessa apenas endurecem o coração. Tudo isso cauteriza a consciência e abre caminhos para outras seduções.

Por outro lado, a verdade, *a pura verdade*, com toda a sua simplicidade e amabilidade, constitui o fundamento de cada virtude moral.

HÁBITOS DE TRABALHO

Temos os olhos nos melhores interesses de nossos filhos? Queremos prepará-los para algum tipo de atividade proveitosa. *Hábitos de trabalho* exercem uma agradável influência sobre o caráter moral e intelectual. Muitos filhos têm estado alheios a si mesmos, a sua família, à sociedade e a Deus, porque tiveram pouco a fazer além de satisfazerem a si mesmos. Contudo, muitos têm sido resgatados da ruína e desgraça — e direcionados ao trabalho, realização e felicidade — tão-somente porque tiveram pouco tempo para diversão.

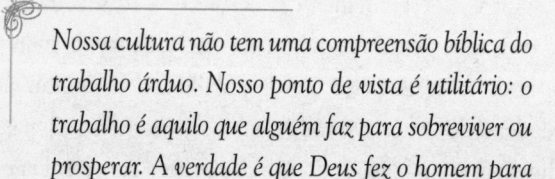

Nossa cultura não tem uma compreensão bíblica do trabalho árduo. Nosso ponto de vista é utilitário: o trabalho é aquilo que alguém faz para sobreviver ou prosperar. A verdade é que Deus fez o homem para

trabalhar. Mesmo antes de Adão e Eva caírem no pecado, eles tinham obras significativas a realizar. A humanidade é chamada a cuidar e preservar a criação. Temos de continuar a obra que Deus nos outorgou — entender, classificar e manter em ordem a criação, a fim de torná-la mais bela e gloriosa. Os seres humanos foram criados para encontrar realização e prazer no trabalho significativo.

Se os nossos filhos nunca forem ensinados a respeito da alegria envolvida no trabalho e se lhes permitirmos direcionarem a si mesmos a uma vida de entretenimento e prazeres, eles jamais compreenderão as alegrias do trabalho significativo para o qual foram criados.

Ora, quando falamos a respeito de trabalho árduo, somos inimigos do refinamento? É claro que não. E não queremos preparar nossos filhos meramente para realizações esplêndidas. Cortesia e elegância também exercem uma influência agradável sobre o caráter. Mas, se combinarmos estas virtudes com ousados hábitos de trabalho, teremos uma força verdadeiramente poderosa.

TEMPERANÇA

A *temperança* é inseparável de uma boa educação. Cada geração traz novas e diferentes tentações para sermos intemperantes. Se um filho não pode ter inteireza de caráter, há pouca esperança de que ele será santo ou respeitável quando adulto. A intemperança em pensamentos, palavras e ações é simplesmente uma indulgência.

Um filho desenfreado e indômito pode escapar, por algum tempo, dos embates da vida, mas, eventualmente, a ruína e a infelicidade chegarão.

Saúde, intelecto, caráter, utilidade, conforto, possessões, consciência e alma — todas essas coisas são facilmente sacrificadas no altar do deus da *intemperança*. A mente de uma criança é a porta de acesso ao seu coração. E nossos filhos têm de pensar, sentir e ponderar com clareza, antes de se arrependerem, orarem e amarem.

Se o Deus de toda a terra designou os pais como os guardiões imediatos da felicidade, virtudes e esperanças dos filhos, devemos atentar à maneira como lançamos sementes de intemperança na infância e as nutrimos durante essa fase da vida. Tais sementes são frutíferas e prolíficas na morte.

ESCOLHA DE AMIGOS

Os pais também devem considerar *a escolha* de seus filhos *quanto a amigos* e ensinar-lhes sabedoria nesta área. Isto pode não estar sempre sob o controle dos pais. No entanto, eles podem, pelo menos, ensinar aos filhos discernimento em relação à escolha de amigos.

Existem dois aspectos deste princípio. Primeiro, a família é a mais importante esfera de relacionamentos que Deus nos outorgou. A maneira como lidamos com outras pessoas é diretamente afetada pela maneira como lidamos com os membros de nossa família.

O segundo aspecto deste princípio é o reconhecimento de como outras pessoas nos influenciam e afetam. Tendências de ociosidade, ignorância, vícios ou incredulidade dos amigos geralmente nos influenciam, em detrimento de nossas convicções. Às vezes, não temos consciência deste efeito. O pecado é contagioso;

ele parece correto quando outras pessoas o estão praticando. Os filhos devem ser encorajados a fugir destas tendências e a viver como filhos de Deus, em retidão.

É na companhia de amigos mais velhos que os exemplos convencem, os argumentos encorajam, as exortações estimulam, a bajulação engana, e o ridículo zomba. E nessa esfera, tudo o que é social e simpático numa criança é impulsionado ao serviço do bem — ou do mal.

Freqüentemente, estimulo os homens a considerarem a atitude de ser condescendente para com a família. Assumir um emprego que envolve menos fadiga e responsabilidade lhes dará mais tempo no lar, os fará mais capazes de desfrutar da companhia da esposa e dos filhos e fortalecerá o desenvolvimento de relacionamentos estimulantes, o que poderá ser mais valioso?

Provérbios 23 (compare vv. 4 e 5 com vv. 24 e 25) adverte contra o buscar riqueza, que "fará para si asas, como a águia que voa pelos céus", e fala sobre o gozo e a grande alegria dos pais de um filho sábio. Faça o que você puder para se dedicar a

relacionamentos que tornam o lar e a família atraentes para seus filhos.
Um dos fatos da vida, nos lares do século XXI, é que os filhos encontrarão um lugar para satisfazerem sua necessidade de relacionamentos. Eles têm acesso a tudo, desde a internet até aos transportes. Faça do seu lar um lugar alegre para se estar.

"Quem anda com os sábios será sábio, mas o companheiro dos insensatos se tornará mau" (Pv 13.20). Muitos pais têm visto suas esperanças morrerem em um círculo de amizades como o citado por último nesta passagem.

A diversão de nossos filhos e mesmo o emprego deles (se possível) deveriam ser no lar. Não importa em que etapa da vida eles estejam, o entretenimento deles jamais deveria trazer reprovação sobre uma família bem governada e piedosa.

Isto significa que talvez os pais tenham de negar a si mesmos alguns confortos materiais. Isto é impensável em nossa época de abundância? Se, por meio de alguns poucos sacrifícios, você pudesse comprar, para seus filhos, o hábito de amarem o lar, esse preço seria muito elevado?

As famílias mais bem educadas e que exibem os sentimentos morais mais elevados são aquelas mais sensivelmente apegadas ao lar. Em breve, os nossos filhos estenderão suas fronteiras além do lar.

Embora não devamos ser completamente separados do mundo, cada família deveria ser, em si mesma, um pequeno mundo. Uma afeição vigorosa e brilhante para com as recordações e amizades da infância facilmente distancia uma criança carinhosa das tentações. Esta afeição a prende ao seu lar, de modo que, não importando quão distante esteja do controle dos pais, se tal afeição pulsa e arde no íntimo dela, o seu amor pelo lar a preservará de cair.

UM DIA EM SETE

Se existe uma nova lição a ser aprendida pelo filho moderno, esta lição é o Quarto Mandamento. Faça com que seu filho aprenda: "Lembra-te do dia de sábado, para o santificar" (Êx 20.8), e veja em que esfera especial de influências morais ele será posto! Será colocado imediatamente bem próximo do reino de Deus. Uma barreira divina o cercará. Duvido que tal filho seja abandonado, a menos que ele transgrida as restrições do Quarto Mandamento.

Homens virtuosos pensam de modo elevado a respeito do Quarto Mandamento. Eles sabem que nada abençoa tanto o mundo quanto este mandamento. Então, por que se permitiria a uma criança o considerar insignificantes as obrigações deste dia sagrado? Por que ele se privaria, de alguma forma, das alegrias deste dia?

> Aceite o desafio de tornar o Dia do Senhor um dia especial de regozijo para a família. Ajude seus filhos a anteciparem esse dia como um tempo de adoração especial e comunhão maravilhosa. Passe o dia com amigos crentes. Converse sobre os bons caminhos de Deus. Tenha livros especiais de histórias cristãs para lerem durante a tarde. Saiam para uma caminhada e permitam que a criação de Deus lhes fale sobre a glória dEle. Aproveite-se do fato de que Deus lhe tem dado graciosamente um dia em sete para se dedicarem ao crescimento e ao progresso espiritual. Torne-o um dia de alegria. Celebre o domingo, chamando-o deleitoso (Is 58.13).

APRECIAÇÃO CORRETA DO MUNDO E SUA CULTURA

O que seus filhos mais estimam? Eles devem *ser ensinados*, cuidadosamente, *a como estimar este mundo e sua cultura.*

Muitos pais sábios e piedosos encorajam em extremo o zelo para com o progresso mundano. O espírito deste mundo competitivo está excessivamente arraigado em nossa ansiosa mente paternal. Obter riqueza e honra torna-se — insensivelmente — o grande alvo que procuramos atingir.

Certamente, os pais devem se preocupar com o caráter e a condição de seus filhos nesta vida. Queremos ver nossos filhos desenvolverem personalidades úteis e respeitáveis. Nós os instamos à fidelidade inflexível em sua profissão, qualquer que ela seja. Inspiramos nossos filhos com um generoso amor por excelência e um intenso desejo pelo bem. Temos como alvo a distinção, no melhor sentido da palavra.

No entanto, não é fácil para os pais estabelecerem, na vida cotidiana, uma linha divisória entre o amor pela distinção e pela excelência que o evangelho exige e o amor que flui de um coração egoísta e mundano. Todos nós erramos neste aspecto. É muito natural sorrir sempre que descobrimos em nossos filhos um espírito zelozamente centrado em coisas boas do mundo ou naquilo que se caracteriza como astuto. Ao fazermos isso, deixamos que eles fiquem com a impressão de que, em nossa estimativa, não há qualquer bem a ser comparado com este mundo.

Cultivamos regularmente princípios nobres e elevados, e não o amor por este mundo? Se ensinamos a nossos filhos que o grande objetivo do homem é acumular riqueza, obter honra e desfrutar da vida, qual será o provável final da carreira deles? (Cl 3.23; Mt 25)

Se os treinarmos para serem úteis e para a vida celestial, freqüentemente serão lembrados de tributarem pequena estima a todas as coisas que estão debaixo do sol. Eles não devem ser protegidos do mundo e sim ensinados sobre quão fútil e vazio é o mundo.

Quanto mais cedo um filho perceber que existe um objetivo mais elevado a se buscar, do que seu próprio progresso, que existem alegrias mais sublimes e duradouras do que os prazeres transitórios e sórdidos do tempo e dos sensos, tanto mais rapidamente ele produzirá frutos para a vida eterna. Um filho estará mais rapidamente preparado para utilidade eterna, quanto mais cedo perceber que, embora alcance popularidade, poder e riqueza pode encher-se de desapontamento e tristeza.

Uma das vocações mais satisfatórias dos pais é serem deslumbrados por Deus e compartilharem esse deslumbramento com os seus filhos. Salmo 145.4 fala sobre uma geração louvando a outra geração as obras de Deus. O salmo prossegue e fala sobre narrar a gloriosa majestade de Deus e o tremendo poder dos seus feitos. Ser deslumbrado por Deus é o maior deleite que a alma do ser humano pode conhecer. Mas temos de confessar que é difícil mantermos essa perspectiva dia-a-dia.

*Que encorajamento temos em saber que, mesmo em nossos anelos por sermos tomados pela glória e bondade de Deus, não buscamos poder em nós mesmos; buscamos em Deus! Oramos, como Davi: "Faze-me, S*ENHOR*, conhecer os teus caminhos, ensina-me as tuas veredas.*

> *Guia-me na tua verdade e ensina-me, pois tu és o Deus da minha salvação, em quem eu espero todo o dia"* (Sl 25.4,5).

Os filhos devem saber que Deus os enviou ao mundo para cumprirem seu dever, ocuparem sua vida com utilidade e, deste modo, honrarem o grande nome de Deus. Se este amável princípio assentar-se no coração deles, desfrutarão de felicidade autêntica muito maior do que se estivessem assentados em tronos de príncipes ou se tornassem donos de milhões e milhões de dólares.

Se os pais conhecem o coração de seus filhos, e especialmente se conhecem o seu próprio coração, sempre tremerão por eles ante à perspectiva de prosperidade na profissão. A sabedoria que vem do alto levará os pais a dizerem, freqüentemente, a seus filhos aquilo que Deus falou ao profeta: " E procuras tu *grandezas? Não as procures*" (Jr 45.5).

Os filhos devem aprender que Deus os enviou ao mundo com o único propósito de obedecerem a Ele e trazerem honra ao seu magnífico nome. Se este princípio abrigar-se no coração deles e se tornar uma influência controladora em suas vidas, encontrarão satisfação e contentamento na obra que Deus lhes deu a realizar (Cl 3.23).

> O apóstolo Paulo nos recorda em Romanos 1.25 que os homens realizaram uma mudança. Substituíram a adoração a Deus pela adoração aos ídolos. Estes, não são necessariamente imagens esculpidas; são ídolos do coração. Os ídolos comuns do coração são o amor por bens materiais, orgulho e exibicionismo, poder e influência. Os homens fizeram uma mudança, passando a adorar e servir estas coisas, em lugar de Deus.
>
> Às vezes, os pais crentes perdem sua perspectiva e alimentam, inadvertidamente, esses ídolos, em vez de ajudarem os filhos a perceberem que o sentido da vida se encontra em conhecer a Deus e amá-Lo. Qual é o antídoto? Beber abundantemente do rio dos deleites de Deus, alimentar-se da abundância da casa dEle (Sl 36.8) e manter estas alegrias diante de seus filhos.

UM ESPÍRITO GENEROSO

Oh! que tenhamos a permanente alegria e recompensa de um *espírito generoso!*

Esta é uma corda que sempre faz vibrar a consciência. As crianças rapidamente compreendem esta verdade. Um espírito egoísta é um espírito desprezível, medíocre, ruim. Não existe nada mais elevado, excelente e nobre do que um espírito benevolente e desinteressado.

Você deve ensinar seus filhos sobre o mal de um espírito egoísta, bem como sobre a beleza e a excelência de um espírito desinteressado, livre de apego às coisas passageiras. Ajude-os a pensar no bem-estar dos outros. Crie neles o hábito de consultar os desejos e sentimentos dos outros. Fixe suas mentes em assuntos nobres e bons.

Prepare-os para atos de generosidade. Mostre-lhes que "mais bem-aventurado é dar que receber", que existe mais prazer em realizar um favor do que em recebê-lo e mais alegria duradoura no espírito altruísta e generoso do evangelho do que no vil e desprezível espírito do mundo.

Os filhos podem descobrir rapidamente que existem interesses maiores do que os seus próprios interesses.

E, se tiverem um espírito generoso e nobre, esses interesses os tornarão mais felizes, se forem seguidos.

> *Temos de nos guardar do pensamento de que essa generosidade de caráter não é possível a nossos filhos. É verdade que eles são, por natureza, dominados pelo egoísmo. Mas lembre-se das palavras de Jesus dirigidas a Pedro: "Para os homens é impossível [tudo o que é pertinente à salvação]; contudo, não para Deus, porque para Deus tudo é possível" (Mc 10.27).*
>
> *Deus tomará o paciente ensino dos pais aos filhos e autenticará sua veracidade no coração dos filhos. Enquanto você ensina os seus filhos a serem generosos de coração (enquanto o demonstra em seu relacionamento com as outras pessoas), deve ter esperança de que Deus usará sua Palavra a fim de convencê-los da sua veracidade. A tarefa dos pais é apresentar claramente a verdade; a tarefa de Deus é resplandecer a luz no coração dos filhos.*
>
> *É evidente que o instrumento mais poderoso para ensinar generosidade de espírito é aquilo que você faz, e*

não somente o que você fala. Nós nos tornamos generosos quando contemplamos a generosidade de Deus. O contemplar transforma (2 Co 3.18). Mostre ao seu filho a bondade, a graciosidade, a misericórdia, a magnanimidade e a generosidade de Deus; isto será uma influência transformadora.

A grande pergunta de nossos filhos não deve ser: isto me interessa?, e sim: o que o meu dever exige? O que a generosidade requer? O que o espírito de bondade e desinteresse exige? O que Deus requer?

O comentarista bíblico Thomas Scott, do século XIX, era bastante conhecido como um homem de família admirável, feliz e bem-sucedida. Quando lhe perguntaram a respeito de seu método, ele respondeu: "Sempre tenho buscado para os meus filhos o reino de Deus e a sua justiça, em primeiro lugar". Pais felizes! Filhos felizes! Vemos isto onde o reino de Deus e a sua justiça têm a preeminência em cada plano e disposição para a vida humana!

Todas as outras coisas devem ser tornadas subservientes ao caráter espiritual de nossos filhos. Nosso elevado privilégio é criá-los "na disciplina e na admoestação do

Senhor". Não importa o que os outros digam ou façam, os pais crentes devem escolher para seus filhos a "boa parte" que não lhes será tirada. Para eles, todas as outras coisas deveriam ser reputadas como insignificantes.

Você deve exaurir toda a força e o vigor de seus esforços nesta vida. Nossos filhos são herdeiros da imortalidade; são criaturas de responsabilidade e avançam rapidamente em direção ao trono de julgamento. Em breve, eles estarão no leito de morte, do qual ascenderão ao céu ou descerão ao inferno, na proporção que buscaram ou rejeitaram, seguiram ou desprezaram o seu grande Redentor.

Quando lemos palavras como as dos parágrafos anteriores, nosso coração afirma: "Sim, Amém". Muitos de nós concordamos e sentimos culpa, juntamente com um profundo senso de nosso erro. O inimigo de nossa alma investe contra nós, lança sobre nós os seus dardos inflamados. "Vocês não podem fazer isso. São um fracasso. Vocês são fracos. Talvez nem sejam crentes. É tarde demais para seus filhos." O desejo de Satanás é nos vencer com o erro e a culpa, enchendo o nosso pensamento com dúvida e incredulidade.

Levantamos o escudo da fé contra estes dardos inflamados e empunhamos a espada do Espírito, a Palavra de Deus.

"Eu sou a videira, vós, os ramos. Quem permanece em mim, e eu, nele, esse dá muito fruto; porque sem mim nada podeis fazer" (Jo 15.5).

"Não vos sobreveio tentação que não fosse humana; mas Deus é fiel e não permitirá que sejais tentados além das vossas forças; pelo contrário, juntamente com a tentação, vos proverá livramento, de sorte que a possais suportar" (1 Co 10.13).

"Tudo posso naquele que me fortalece" (Fp 4.13).

"Visto como, pelo seu divino poder, nos têm sido doadas todas as coisas que conduzem à vida e à piedade, pelo conhecimento completo daquele que nos chamou para a sua própria glória e virtude, pelas quais nos têm sido doadas as suas preciosas e mui grandes promessas, para que por elas vos torneis co--participantes da natureza divina, livrando-vos da corrupção das paixões que há no mundo"
(2 Pe 1.3,4).

Devemos lembrar que, apesar de todos os nossos

> *esforços apropriados para termos influências moldadoras para que a vida de nossos filhos seja preenchida com felicidade e consistência espiritual, não são tais esforços ou influências que os salvarão. Isso é obra exclusiva de Deus, que se deleita em demonstrar misericórdia.*

Isto é dolorosamente verdadeiro: na maioria das vezes, os filhos não se tornarão santos sem pais perseverantes. Não podemos esperar que se tornem hábeis nos estudos, versados em ciência ou úteis no mundo sem a nossa ansiosa atenção. Se esperamos vê-los tornarem-se filhos de Deus, eles precisam entender que, em nossa opinião, o caráter deles absorve e sobrepuja todas as outras intenções de nosso amor paternal.

Capítulo 2

Medidas a Usarmos ao Ensinar Nossos Filhos

SEJA UM EXEMPLO

"Seja aquilo que você deseja que seus filhos sejam" — diz a sabedoria popular. O exemplo faz muitas coisas; influencia os filhos antes mesmo que o ensino os instrua ou a autoridade os refreie. "As regras constrangem; o exemplo é encantador. As regras compelem; o exemplo convence. As regras são uma lei morta; o exemplo é uma lei viva." Juntamente com a lei da consciência, o exemplo é a primeira lei com a qual os filhos se familiarizam e, freqüentemente, permanece como o motivo mais forte para agirem, depois que os outros motivos forem esquecidos.

Os filhos são criaturas que imitam; e logo entendem o que vêem e ouvem. O exemplo de um pai amoroso e dedicado é uma influência poderosa. Nenhum filho é tão jovem que não seja capaz de observar com exatidão a conduta de seus pais, para ser purificado ou contaminado por aquele exemplo. Embora o façamos sem perceber, estamos moldando constantemente o caráter, os hábitos e a mente de nossos filhos por meio da força de nosso exemplo.

Quem, entre nós, deseja que seus filhos sejam insubmissos, arrogantes, desdenhosos, grosseiros, hostis e descorteses? Mas, se eles virem essas coisas em nós, nosso exemplo governará a conduta deles.

Talvez mais esclarecedor nesta sociedade próspera seja o fato de que não desejamos que nossos filhos sintam-se temerosos quanto ao trabalho árduo e à dificuldade; então, por que nós mesmos buscamos o lazer e as coisas que estão na moda? A mensagem se forma rapidamente no coração deles: meus pais não consideram prazeroso e digno o trabalho árduo, a diligência e o "remir o tempo".

Estão satisfeitos com uma vida fácil. Com essa mensagem, é provável que nossos filhos aspirem ao trabalho, à utilidade e à realização?

Queremos que nossos filhos sejam honráveis e completamente verdadeiros. Desejamos que sejam sinceros e íntegros. Mas, se eles nos ouvem exaltando estas virtudes e sabem que, por outro lado, torcemos a verdade, somos desorganizados e negligentes, a nossa conduta não superará a nossa mensagem?

Queremos que nossos filhos escolham com cuidado os seus amigos e relacionamentos. Mas, o que acontecerá se formos negligentes neste aspecto? Quais são os prazeres da sociedade moderna? Julgando com base na realidade popular de nossos dias, tais prazeres se encontram em um espectro que se estende desde o entretenimento popular até a bebedeira, jogos de azar, pornografia e prostituição. E agora, talvez mais do que antes, tudo isto se encontra de alguma forma à espera de nossos filhos, para enlaçá-los. Devemos facilitar o acesso de tais melefícios?

Seja um exemplo de obediência às regras. Expressamos dúvidas descuidadas a respeito da verdade da Palavra de Deus e do poder do evangelho? Deixamos de observar o domingo? Negligenciamos os cultos regulares? Estamos nos conformando com este mundo? Somos negligentes quanto a nos unirmos a uma igreja local? É o nosso alvo sermos ricos, esplêndidos e honrados por todos? Se isto é verdade, temos algum motivo para nos sentirmos desapontados, se o nosso exemplo destrói a nossa instrução?

Estamos sempre agindo na presença de nossos filhos. Então, que nos comportemos de forma tão correta que nossos filhos sejam impulsionados a nos imitarem.

Em uma exortação simples a Timóteo, o apóstolo Paulo ressalta a importância do exemplo dos pais. Ele disse que Timóteo deveria permanecer nas coisas que aprendera e das quais se convencera desde a infância, porque ele sabia de quem as havia aprendido (2 Tm 3.14,15). Sabemos que Timóteo aprendera a fé sincera, de sua mãe Eunice e de sua avó Lóide (2 Tm 1.5).

Queremos ser pais que podem dizer ao filho: "Permaneça na fé sincera, porque você conhece aqueles de quem você a aprendeu. Meu filho, você me conhece e sabe que tenho o propósito de viver para a glória de Deus. Sabe que não sou perfeito, mas tenho o desejo sincero de viver para Ele".

Antes, na mesma epístola, o apóstolo Paulo nos recorda que somos salvos pelo poder de Deus, que nos salvou e nos chamou a um viver santo, não por causa das coisas boas que existiam em nós, mas por causa de seu propósito e graça (2 Tm 1.9). Esta graça nos foi dada antes de todos os tempos e nos deu esperança, para sermos o exemplo que desejamos ser.

Com certeza, todos nós sentimos nossa fraqueza e incapacidade. Se olharmos para o nosso íntimo, em busca de forças para sermos um exemplo bom e consistente, concluiremos que somos vazios. Louve a Deus por que podemos ser fortalecidos na graça que está em Cristo Jesus (2 Tm 2.1).

FORNEÇA INSTRUÇÃO VIGOROSA

Os filhos não são apenas criaturas de imitação, mas também criaturas de intelecto. Eles examinam e julgam as impressões que recebem, confirmando-as ou rejeitando-as de acordo com a maneira como são ensinados.

Não há qualquer assunto que os pais não possam discutir com os filhos. Que satisfação há para uma criança em ser informado e convencido! Conversas freqüentes com seus filhos — conversas familiares, e não uma pregação — produzirão frutos imediatos. Eles têm de sentir que você deseja informar sua mente e discernimento, iluminar a consciência e impressionar seu coração.

Você tem de reconhecer um fato desagradável: seu filho é corrompido. Você falhará completamente em educá-lo, se não reconhecer esta triste realidade. Seu filho possui um espírito supremamente egoísta; a auto-satisfação é o rei. E o que é pior: a menos que ele seja instruído na verdade moral, se tornará escravo dos apetites e paixões ímpias. Ele se transformará em um gigante na impiedade.

No entanto, o Criador deu à criança uma consciência sensível. Iluminada, a consciência diferencia o certo do errado, dando-lhe um senso de obrigação; é desta maneira que uma criança se torna um agente moral, diferente de um animal. Ela pode aprender que é uma criatura responsável. Seu filho já sabe que precisa estar relacionado com Deus? Seu filho tem de sentir que é responsável perante Deus.

O que um homem precisa saber, ele tem de começar a aprender bem cedo. Os grandes princípios morais que iluminam a consciência e o caráter adulto devem penetrar e agir na entenebrecida mente desde a infância.

O que Deus exige dos pais é apresentado com clareza: "Estas palavras que, hoje, te ordeno estarão no teu coração; tu as inculcarás a teus filhos, e delas falarás assentado em tua casa, e andando pelo caminho, e ao deitar-te, e ao levantar-te" (Dt 6.6,7). Devemos ensinar não somente os princípios; devemos ensinar aos filhos a verdade a respeito de Deus: o ser de Deus, as suas perfeições, o seu governo, a sua redenção por meio de Jesus Cristo, a influência do Espírito Santo, a beleza da fé verdadeira, as alegrias e honras de uma devoção irrestrita a Cristo, as preciosas promessas dEle para os santos e as terríveis aflições destinadas aos ímpios.

A vida instrui os nossos filhos. Quer seja formal, quer seja informal, a instrução mostra a nossos filhos como interpretar a vida e como reagir a ela — as duas grandes ocupações da vida.

Existem muitas maneiras excelentes de mantermos a verdade bíblica diante de nossos filhos. Algumas delas são apresentadas neste texto de "Dicas para Pais". À medida que você mantém a verdade bíblica diante de seus filhos, você o faz reconhecendo que a verdade divina é poderosa e capaz de confirmar a si mesma. O profeta Isaías usou esta maravilhosa figura no capítulo 55 de sua profecia. Ele disse que a Palavra de Deus é semelhante à chuva e à neve que não retornam ao céu, sem regar a terra, fazendo-a fecundar e brotar. A Palavra de Deus, disse Isaías, é semelhante à chuva e à neve: ela realiza os bons propósitos de Deus (Is 55.10-13).

Sabemos que Deus age por meio de sua Palavra. Ele faz com que sua verdade revelada cumpra o seu grande propósito redentor. Isaías prossegue dizendo que Deus o faz por causa de sua própria

> *glória e nome. Que grande consolação e encorajamento para você, à medida que usa a Palavra de Deus na vida de seus filhos! Deus agirá por meio da sua Palavra. Nisso, você pode encontrar esperança firme.*

O ensino da Palavra de Deus deve ser sistemático, regular e freqüente. Também pode ser ocasional ("andando pelo caminho"). Devemos familiarizar os filhos com as Escrituras desde cedo. As histórias, as biografias e as verdades bíblicas devem ser armazenadas na memória deles. Devem também ser armazenados ensinos fáceis e bem-conhecidos de catecismos, orações e hinos. Quão tragicamente esses velhos instrumentos têm caído em desuso! Que a atenção de nossos filhos seja constantemente afastada de leituras frívolas e destrutivas e conduzida àquilo que é proveitoso e construtivo.

Quem discorda hoje em dia que uma grande quantidade de literatura e entretenimento exerce influência destrutiva tanto no caráter moral como no intelectual? Mas não devemos apenas amaldiçoar as trevas. Façamos com que nossos filhos comprometam-se com professores que exercerão influência santa sobre a mente jovem deles. Esta influência deve encantá-los e conquistá-los ao amor pela retidão e a piedade. Neste processo de prover elementos influenciadores à mente dos filhos, leve-os a se mostrarem tão interessados na melhor instrução, que terão pouco lugar para elementos perniciosos e contaminadores.

Ao conversar com eles sobre o grande assunto da salvação da alma, precisamos dirigir-nos a eles com toda afeição e ternura possíveis. Instemos e roguemos que fujam da "ira vindoura". Queremos que eles vejam este assunto como aquele pelo qual sentimos o mais profundo e cordial interesse. Esta é uma área que nos traz lágrimas aos olhos e persuasão aos lábios. Quanto a este assunto, fluem toda a paixão e todo o vigor de nossas afeições, em "pensamentos que inflamam e palavras que ardem".

Existe uma relutância indesculpável em muitos pais, no que concerne a conversarem sobre assuntos espirituais. Amontoamos sobre nossos filhos conversas espirituais demasiadamente profundas, não importando quão inapropriada seja a ocasião ou inadequada a aplicação?

Toda instrução deve ser ministrada no tempo apropriado e nunca de forma enfadonha.

O tempo certo é tudo. Na história de uma criança, existem momentos de embaraço e retraimento, mas existem momentos em que ela se mostra receptiva. Também há ocasiões em que pensamos muito, sentimos profundamente e oramos com sinceridade em favor da salvação de nossos filhos. Com exceção destas ocasiões, devemos prosseguir com confiança especial e agradável plenitude de alma, rumo a conversas sérias e animadoras com nossos filhos (com uma esperança maior de termos sucesso)!

> *À medida que você ora por sabedoria, para discernir estas ocasiões na vida de seus filhos, encoraje-se com estas palavras de Paulo: "Também faço esta oração: que o vosso amor aumente mais e mais em pleno conhecimento e toda a percepção, para aprovardes as coisas excelentes e serdes sinceros e inculpáveis para o Dia de Cristo, cheios do fruto de justiça, o qual é mediante Jesus Cristo, para a glória e louvor de Deus" (Fp 1.9-11).*

> *Estas coisas que lhe são profundamente necessárias — amor, conhecimento, percepção, pureza, inculpabilidade e retidão — são qualidades de caráter e vida que vêm de Deus. Não se permita perder as esperanças de sempre refletir estas qualidades. Junte-se a Paulo, em sua oração, suplicando que estas virtudes abundem em sua vida. Persiga-as na certeza de que Deus é capaz de fazer estas virtudes sobejarem em sua vida.*

Esta é uma tarefa que compete tão-somente aos pais. Nisto, o que mais importa são os esforços de um pai fiel e, ainda, de uma mãe piedosa. Pais fiéis certamente devem muito a outros adultos fiéis quanto à vida de seus filhos: professores de escola dominical, babás, mulheres crentes e líderes na igreja de Cristo. Todos estes têm obrigações que nunca devem ser esquecidas.

No entanto, os pais que deixam seus filhos apenas à instrução de professores ou negligenciam a educação cristã da família, no lar (porque podem jogar esse fardo sobre uma escola cristã), não pensam criteriosamente em sua própria responsabilidade. E, o que é mais importante, eles subestimam o poder dos pais em moldarem o caráter e o destino de seus filhos.

GANHE A CONFIANÇA DOS FILHOS

Em toda a sua conduta para com os filhos, os pais devem tentar ganhar a confiança deles. Todo filho deve estar convicto de que seus pais são os seus melhores amigos. Ele tem de saber que não existe outra pessoa a quem ele possa confiar tão plenamente um afeto leal. Não existem outras pessoas que farão e sofrerão tanto por ele — com paciência ou por longo tempo. Ninguém, exceto os pais, busca outra satisfação e recompensa que não seja o bom comportamento e o bem-estar dos filhos.

Quando plantamos esses pensamentos no coração de um filho, não falhamos em ter grande influência sobre a consciência e o caráter dele.

Mas somente isto pode não conquistar a confiança deles. Temos de usar todos os meios legítimos e sensíveis para proteger as afeições de nossos filhos, induzi-los a escolherem nossa companhia, manterem conversa conosco sem embaraço e confiarem em nós quanto a seus assuntos pessoais.

> Em 1 Tessalonicenses 2.7-11, o apóstolo Paulo usa a intimidade do relacionamento mãe-filho, pai-filho, para descrever seu pastorado como ministro do evangelho. O uso do relacionamento pai-filho como um paradigma do cuidado pastoral nos mostra as intenções de Deus quanto aos pais.
>
> Nesta passagem, as mães são descritas como gentis, compartilhando sua vida por causa da preciosidade de seus filhos. Os pais são descritos como pessoas cuja conduta inspira e enobrece — encorajando, confortando e exortando os filhos a viverem de modo digno.
>
> Paulo disse que este tipo de conduta, caracterizado por gentileza e exortação graciosa, é santa, justa e irrepreensível; não é apenas uma maneira de pensar desejável para nós. A graça de Deus em nós produz operosidade de fé, abnegação de amor e firmeza de esperança em nosso Senhor Jesus Cristo (1 Ts 1.3). A graça de Deus nos

> *foi outorgada para nos tornar pessoas com estas qualidades.*
> *Lembre-se: a influência passa a ser mais poderosa do que a autoridade, à medida que os filhos são transformados dos primeiros anos de dependência e orientação fácil para os anos de autoconsciência, com a inebriante compreensão do mundo e de todas as suas possibilidades.*

Os filhos que desejam ser respeitosos para com os pais, às vezes, têm medo de se tornarem demasiadamente íntimos. E alguns pais que desejam ser respeitados e honrados por seus filhos resistem a certa ausência de formalidade.

Quando os filhos são retidos em temor servil, a culpa é sempre dos pais. Mesmo em filhos cujos temperamentos não podem, aparentemente, ser controlados de outra maneira, existe pouca esperança de serem influenciados de maneira abençoadora e permanente, enquanto são mantidos na escravidão do temor.

Ganhar a confiança de um filho impetuoso — enquanto o restringimos — não é uma proeza fácil.

Exige toda a bondade, discrição e firmeza de um pai piedoso, que levantará, sem demora, suas mãos ao Pai das Luzes!

TREINE SEUS FILHOS A VIVEREM SOB AUTORIDADE

A grande pergunta em cada ato de disciplina paternal é: o que será melhor para nosso filho? Quando uma família é pequena, e especialmente se tem apenas um filho, esta pode ser a única pergunta.

Todo bom sistema de educação mantém uma autoridade cordial e saudável. Manter ordem na família envolve um tipo peculiar de autoridade, e seu princípio de operação foi estabelecido pelo apóstolo Paulo: "Pais, não provoqueis vossos filhos à ira, mas criai-os na disciplina e na admoestação do Senhor" (Ef 6.4).

Para que sua autoridade seja o que deveria ser, ela tem de ser absoluta. "Aqueles que mantêm a mais firme disciplina usam menos correção física." Se a sua autoridade é absoluta, não precisa ser severa. A sua vontade tem de ser, primeiramente, justa; depois, deve ser a lei.

Qualquer coisa para a qual você não possa dar livre consentimento deve ser considerada totalmente fora de questão para seu filho.

As afirmações do parágrafo anterior soam aos ouvidos do século XXI como severas e extremas. Devem ser vistas à luz do que é exposto em seguida a respeito de uma paternidade amorosa e compassiva, que é verdadeiramente benéfica.

O que Gardiner Spring está afirmando é a necessidade de que nossa paternidade seja clara e firme. Aquilo que é verdadeiramente correto tem de ser o padrão em nosso lar. Não podemos dar consentimento a qualquer coisa errada ou injusta. Não serviremos bem aos nossos filhos, se os satisfizermos permitindo, ainda que seja com moderação, aquilo ao que não podemos "dar livre consentimento".

Surpreendo-me ao falar com pais, que dizem: "Não gosto destes videogames, mas..." Freqüentemente, respondo: "Se você está convencido de que tais jogos não são bons para seus filhos, por que não os reúne e explica-lhes suas convicções?" Eu costumava dizer aos meus filhos: "Tenho procurado lhes convencer da sabedoria de minhas convicções sobre este assunto. Agora, o que vocês esperam de mim? Com certeza, não querem me pedir que negue minha consciência quanto a isto e permita que façam o que eu creio ser potencialmente destrutivo para vocês. Tenho de pedir que respeitem minha decisão".

A inflexibilidade que Gardiner Spring exige de nós, nesta seção, pode ser gentil e graciosa. O Livro de Provérbios nos recorda que "a língua branda esmaga ossos" (Pv 25.15).

Em todos os lugares à nossa volta, estamos testemunhando uma alternativa desanimadora em oposição ao conselho de Gardiner Spring. Em nossa cultura, os filhos são as suas próprias autoridades na tomada de decisões, para a sua infelicidade e ruína.

O governo da família nunca pode ser impulsivo. Você exerce sua autoridade somente quando isto o incomoda? Você está sendo irrefletidamente indulgente? A sua autoridade é tão variável e mutável que seus filhos não sabem qual é a sua verdadeira opinião? Você estabelece uma regra e, em seguida, a revoga sem que as circunstâncias tenham mudado? Tal governo não merece o nome; é suficiente para arruinar qualquer criança do mundo.

> *É difícil ressaltarmos demasiadamente a importância de os filhos tomarem o seu lugar de submissão à autoridade paternal ou a absoluta necessidade de que a autoridade dos pais representa, em cada aspecto, a misericórdia e o poder de Deus. Em nossa cultura, as pessoas tendem ou à compaixão indulgente ou ao autoritarismo exigente. Alguns tornam supremos os desejos dos filhos; outros tornam supremos os desejos dos pais. O que Deus exige de nós é uma autoridade que seja verdadeiramente graciosa e compassiva.*

Um governo compassivo e amoroso é o mais repleto de autoridade; por isso, a sua autoridade paternal deve ser bastante compassiva. Os filhos sentem-se, naturalmente, descontentes e até irados quando governados, mas não devem achar apoio para a sua ira no comportamento dos pais. O coração humano se revolta simplesmente ao ser restringido; e se revolta ainda mais quando a autoridade é severa e sem compaixão. Mescle os atos de disciplina com compaixão; assim, o seu governo raramente deixará de influenciar.

Quando um filho já pode andar — ou mesmo antes — devemos começar implicitamente a ensiná-lo a obedecer.

Se a autoridade paternal não for estabelecida cedo, ela nunca o será. Quando disse cedo, quis dizer bem cedo. Quando um filho tem quinze anos de idade, a autoridade — meramente a autoridade — não o alcançará. O filho, então, vive sob um governo de influência, ou governa a si mesmo, ou não é governado de maneira alguma.

A alternativa é simplesmente mais difícil e impraticável. Este hábito de submissão desde a tenra infância, mesmo para filhos impacientes e inflexíveis, logo se tornará fácil; e os pais o acharão eficaz.

E acrescento que não tenho dúvida da conveniência e importância da punição física. Deus a tem aprovado em sua Palavra. Mas ela deve ser aplicada somente às crianças. Quando um filho passa da infância à adolescência, a disciplina física o fere (a menos que seja usada em resposta a insolência ou desobediência patentes). Se o filho não for governado pela razão, influência e compaixão, precisará de um braço mais forte do que a disciplina de sua família.

> *Em nossos dias, quando os filhos são tornados "adultos" muito cedo e têm idéias bastante sofisticadas, a maioria dos pais acha que a vara é mais eficaz na disciplina das crianças pequenas. Conforme as crianças amadurecem, ficam mais impassíveis à vara. Para que conseguíssemos de um filho de treze anos a mesma obediência que conseguimos de uma criança de três anos, precisaríamos dar-lhe uma surra severa. Porém, falando de modo geral, bater está reservado às crianças.*

Na verdade, todos os nossos esforços para treinar os filhos no caminho que devem andar exaurem sua influência antes que percebamos. Os anos de infância são a época de formação do caráter. E se estes anos forem negligenciados, será um milagre de misericórdia se os nossos filhos não se perderem.

Os propósitos dos pais em disciplinar jamais devem ser conflitantes entre os dois. Discordância entre os cônjuges é o mais fatal inimigo da educação dos filhos. Em cada assunto de educação, não deve haver qualquer discordância entre os cabeças da família.

Por exemplo, você é proponente de entretenimentos e diversões extravagantes, e sua esposa se opõe a tais coisas? Você é a favor de "dormir cedo e acordar cedo", enquanto sua esposa se mostra favorável a dormir e acordar a qualquer hora? A sua esposa é firme em autoridade, enquanto você a repreende, chamando-a de severa e inimiga dos prazeres de seus filhos? O pomo da discórdia é o filho que você ama! Quem se surpreenderá, se a sua autoridade e o seu filho forem sacrificados?

Quando deve cessar o governo dos pais? A sabedoria lhe dirá que você deve considerar a disposição de seu filho e a condição de sua família. Você está experimentando freqüentes alegrias com as experiências de vida de seus filhos? Isso certamente aponta em direção à liberdade deles.

Por outro lado, se as experiências deles são amargas, a paciência — e não um governo mais ínsipido ainda — é o remédio. Paciência e esperança em Deus.

A tentação ao lidar com adolescentes que resistem à nossa autoridade é nos tornarmos ainda mais autoritários. A Bíblia nos dá um conselho maravilhoso em 2 Timóteo 2.24-26: "Ora, é necessário que o servo do Senhor não viva a contender, e sim deve ser brando para com todos, apto para instruir, paciente, disciplinando com mansidão os que se opõem, na expectativa de que Deus lhes conceda não só o arrependimento para conhecerem plenamente a verdade, mas também o retorno à sensatez, livrando-se eles dos laços do diabo, tendo sido feitos cativos por ele para cumprirem a sua vontade".

A batalha em favor de seus adolescentes não é travada por meio de suas investidas poderosas. É travada por meio de um espírito cordial e receptivo ao ensino. É realizada à medida que você foge da tentação ao ressentimento. As suas armas são a instrução cordial e a esperança em Deus. Estas atitudes desarmarão a rebeldia.

Em última análise, você tem de reconhecer que, em todos os seus esforços na criação dos filhos, precisa estar aos pés da misericórdia de Deus. Seus filhos nunca virão à fé em Cristo porque você fez tudo certo no que se refere à criação deles. Se vierem a conhecer e a amar a Deus, você se manterá em reverência para com o Deus que teve misericórdia de um filho, mesmo quando seus pais falham.

Por que trabalhamos arduamente para sermos bons pais? Fazemos isso por que Deus se agrada em usar os nossos labores como meio para realizar seu propósito soberano na vida de nossos filhos. Mas, em última análise, reconhecemos que salvá-los é obra de Deus, e não de nós mesmos.

A compreensão de que a graça de Deus trará os nossos filhos a Cristo nos moverá a clamar a Deus, a fim de que sua graça nos torne compassivos e opere no íntimo de nossos filhos.

A profunda necessidade de seus filhos adolescentes

> é o arrependimento, o conhecimento da verdade e o reconhecimento de sua verdadeira situação. Enfrente este problema por meio da oração, esperando em Deus. Lembre-se: Provérbios 16.24 nos diz que "palavras agradáveis são como favo de mel"; promovem instrução. Os filhos, incluindo os adolescentes, não conseguem resistir ao amor e à humildade incondicional nas autoridades às quais eles se opõem.

Oração humilde e perseverante realizará muito na criação de nossos filhos. O seu orgulho não se concentra em seus filhos? Pais que têm grande capacidade intelectual e determinação — em especial, os pais jovens — são bastante propensos a colocar muita confiança em sua própria capacidade, administração e firmeza. Este orgulho de nossos filhos e a confiança em nós mesmos enfrentarão algumas provas severas. O Senhor do céu e da terra segura, em suas mãos, esses dois sentimentos.

Deus tenciona que renunciemos nossa autoconfiança e dependamos dEle. Quando falharmos — e certamente falharemos em certa medida — nos prostraremos e entregaremos nossos filhos ao Deus de toda graça e poder. Quanto mais submissa, sincera e imediatamente fizermos isso, tanto mais razão haverá para termos esperança.

A compaixão dos pais se torna mais pura, mais fiel e mais eficaz quando é nutrida por orações. É diante do misericordioso trono de Deus que todo o amor dos pais se derrama. E Deus revela a sua misericórdia exatamente como os nossos filhos necessitam dela.

As ordenanças nos mostram com clareza que Deus é o único refúgio para os nossos descendentes. Para muitos pais, este é o ponto em que eles vêem com maior nitidez a sua fraqueza e a força de Deus. É o ponto onde sua fé é exercitada; e, uma vez que vêem-na produzir resultados, nunca querem perder tal discernimento. Quando estão oprimidos por desapontamento, os pais ainda podem recorrer à promessa de Deus quanto a ser Ele um refúgio.

Deixe seus filhos saberem que você ora todos os dias. Ore por eles, de modo que o ouçam suplicando uma bênção especial de Deus sobre eles. Deixe que ouçam esta paixão expressada na igreja, por você e por outros; assim, eles saberão algo a respeito do seu relacionamento para com o reino visível de Deus. Então, lembre-se deles em suas devoções particulares. Um pai amoroso e fiel não deixará o Anjo da Aliança ir embora, enquanto não abençoar seus filhos.

Finalmente, não se contente em suplicar tão-somente pela graça restritiva de Deus. Prossiga confiantemente, pedindo a Deus a sua misericórdia salvadora. Clame por seus filhos, visto que eles possuem imortalidade indisputável e inalienável. Rogue por eles, com a ternura de Jesus. Suplique por eles, com a certeza de que, um dia, você dirá, com Jesus: "Não perdi nenhum dos que me deste".

Capítulo

3

Motivações para a Paternidade Fiel

O que poderá levá-lo a esta prática?

A IMPORTÂNCIA INTRÍNSECA DE CADA FILHO

Primeiramente, a importância intrínseca de cada filho. O filho mais necessitado, mais frágil e mais simples é nascido para a imortalidade. Este valor sobrepuja todo o universo material, não importando quão pouco esse filho consiga no mundo. A criança mais frágil possui um intelecto imortal; é tão imortal como o é o Pai dos espíritos. Ninguém pode dizer em que se tornará esta criança.

Moisés, Salomão, Maria e Paulo foram crianças.

Os milhões que agora se prostram diante do trono de Deus, e outros milhões que levantam seus olhos desde o inferno, também foram crianças. Durante a breve vida de tais pessoas, muitas tiveram uma mente bastante ativa, suas percepções foram ampliadas rápida e admiravelmente e seu vasto conhecimento enriqueceu as gerações posteriores.

Mas agora, no céu, mesmo a criança mais simples permanece diante de Deus, sabendo mais, sentindo mais intensamente do que os grandes intelectos deste mundo. A alma de uma criança pode reter muito. Este espírito pequeno e imortal é capaz de gozar (ou sofrer) mais do que têm gozado ou sofrido todas as criaturas inteligentes, na terra ou no céu. Quem pode deixar de sentir-se extasiado ante a incalculável importância da mais "simples" criança?

Se você já viu uma criança morrer, percebeu, então, quão extraordinariamente importantes e eternas são todas elas. Se um filho é retirado de você, você sabe que este é apenas um período da vida deles. Sabe que eles foram transportados de um cela estreita para o amplo reino da eternidade. Preparados para o céu, agora eles têm um guardião perfeito. Deixaram de ser mortais, tornaram-se imortais. Não são mais ignorantes, tornaram-se sensíveis e importantes, além de nossa compreensão. "Da boca de pequeninos e crianças de peito tiraste perfeito louvor " (Mt 21.16).

Que verdades o capacitarão a dedicar-se cuidadosamente a esta obra que Deus lhe deu a realizar? Em última análise, é a verdade da graça admirável que nos motiva à obediência. Em Tito 3, o apóstolo Paulo recorda a Tito a bondade e o amor de Deus, nosso Salvador. Paulo fala sobre o lavar regenerador e renovador do Espírito Santo, sobre a justificação pela graça e sobre o enchermo-nos da esperança da vida eterna. Em seguida, Paulo diz a Tito que ensine estas coisas, "para que os que têm crido em Deus sejam solícitos na prática de boas obras" (Tt 3.8).

Pense nisso. O saber que seus filhos são imortais deve ser entendido à luz da graça e da misericórdia que Deus tem mostrado a mim e a você, que somos pecadores. A graça motiva a obediência.

Aceite as verdades que Gardiner Spring lhe apresenta, neste capítulo, à luz da inefável bondade que Deus lhe tem mostrado. Ela o motivará a dedicar-se, com incessante devoção, àquilo que é bom.

Assuntos eternos, de insondável magnitude, estão confiados a você! Você pode ver seus filhos não como meras crianças, mas na humanidade plena da eternidade? Você está educando um príncipe infante. Está moldando o caráter de uma princesa nascida para um grande império, uma princesa que poderá ela mesma moldar o caráter de muitos. Os seus filhos portarão a marca de seu cuidado gracioso e a levarão até ao trono de Deus. Ou (Deus não o permita!) eles portarão a evidência de sua negligência, enquanto viverem com os condenados!

Que poderosa influência esta verdade deveria ser contra o vivermos com "forma de piedade, negando-lhe, entretanto, o poder". O evangelho da graça, por meio da fé em Jesus Cristo apenas, tem de habitar em nossos lares.

ELES OS CHAMAM DE PAPAI E MAMÃE

Os filhos os chamam de papai e mamãe. A despeito de sua infantilidade e juventude, os filhos valorizam este relacionamento amável. Não são órfãos, nem estranhos com os quais ninguém se importa, que caminham em direção ao sepulcro sem ouvirem qualquer expressão de amor paternal. Eles são seus filhos e possessão! Este relacionamento criado por Deus, eles não têm com nenhuma outra pessoa.

"Não fez Deus com que os dois viessem a ser um? Mas, o homem é que tinha remanescentes do Espírito. Então, qual a razão de serem feitos um? A fim de ser obtida uma semente piedosa."

O homem moderno entende a culpabilidade de brincar com os votos sagrados do casamento? Ele medita sobre a maldade descarada de lançar no mundo uma descendência fraudulenta concebida negligentemente? O homem ou a mulher que infringe as disposições da lei moral de Deus menospreza os melhores interesses da sociedade — agora mesmo. Então, por que deveríamos nutrir esperanças elevadas quanto às gerações futuras, enquanto nos mantemos apegados a satisfações vis e perniciosas?

O Deus que criou, santificou e abençoou a aliança do casamento e "faz que o solitário more em família" nos confiou jóias com as quais Ele pretende adornar sua coroa. Quando o Deus do céu afirma: "Tome esta criança e cuide dela para mim", quão amável é este dever!

Os seus filhos são frágeis? Sem dúvida, você passou isso para eles. São imperfeitos? Quão profundamente eles refletem a você mesmo! São tão peculiares ao ponto de desconcertar você? Olhe para o seu próprio íntimo. São imorais? Como você criou neles, com exatidão, uma imagem de si mesmo!

Você não fica parado, enquanto alguém ouve as infelicidades ou trata as feridas deles, fica? O avestruz, que não tem sabedoria, põe os seus ovos onde podem ser quebrados. Os seres humanos depravados têm sacrificado seus filhos a deuses falsos, queimando-os sobre as mãos quentes de Moloque. Você fará mil vezes pior, negligenciando o coração de seu filho?

Você tem a maravilhosa oportunidade de envolver a mente e o coração de seus filhos. Tenha--os em confiança, enquanto recebe, dia após dia, graça e forças em Cristo. Deixe-os vê-lo como uma pessoa de oração, humilde e fraca na presença de Deus. Nenhuma outra coisa lhes dará tanto entendimento do poder do evangelho como seu amor a Deus e dependência dEle.

Outro importante aspecto de liderança espiritual é transmitir aos filhos um retrato exato do mundo. Eles precisam entender a natureza da realidade. Ajude-os a entender que, por trás das coisas que eles vêm e ouvem neste mundo, existe um mundo de realidade espiritual que dá significado ao mundo que vemos, tocamos e manuseamos. A árvore que, no quintal, oferece um lar aos pássaros e esquilos, e um lugar para as crianças escalarem e até construírem uma casa da árvore, existe tão-somente por vontade de um Deus invisível. É uma criação dEle; e permanece como um hino de louvor à criatividade, sabedoria e habilidade de Deus. Ele nos deu aquela árvore para nos regozijarmos no fato de que podemos conhecê-Lo, adorá-Lo e nos alegrarmos nEle. Seus filhos não podem entender verdadeiramente a árvore sem contemplarem o invisível naquilo que é visível.

Ajudar as crianças a entenderem a natureza da realidade exige imaginação. Nossos filhos têm de ver o que é invisível. Nós, os crentes, somos pessoas cujo compromisso com o mundo de realidade espiritual determina nossa interpretação e reação ao que vemos com os olhos.

A palavra imaginação não é citada em Deuteronômio 6, mas o seu uso é essencial. Seu filho o procurará e perguntará: "Qual o significado das cerimônias, ritos e mandamentos que seguimos?" (Dt 6.20) Para responder a esta pergunta, você tem de envolver a imaginação dele nos acontecimentos do passado, na escravidão do Egito e na dramática e ousada libertação realizada pelo poder de Deus.

As narrativas bíblicas são ilustrações tangíveis da promessa da aliança de Deus: "Eu serei o vosso Deus, e vós sereis o meu povo".

Envolver a imaginação de seus filhos abrirá os olhos espirituais deles àquilo que é invisível.

NOSSOS FILHOS SÃO A PRÓXIMA GERAÇÃO

Uma geração vai, outra geração vem. Em poucos anos, nossos filhos serão agentes de mudança. Eles estarão no centro de todo interesse na igreja e no mundo. Nosso sol se põe, o deles se levanta. Tomarão o nosso lugar no trabalho e nos negócios; e terão a nossa autoridade. Eles têm de crescer, e nós temos de diminuir.

O mundo se apresenta para eles como uma massa disforme, um pouco de cera esperando o selo deles. Nossos filhos têm de antecipar as necessidades deles. A impressão que o mundo recebe será admirada ou odiada pelas gerações por vir.

Este, portanto, é o tempo de interesse na vida de um filho. É o tempo em que as impressões são criadas, quando há poucos obstáculos e poucas amarguras. Os cuidados são poucos, a imaginação é vívida, a memória é vigorosa e as emoções são ternas. O caráter de uma criança é acessível agora, por milhares de portas que mais tarde se fecharão.

Se nossos filhos forem criados no temor do Senhor, esta bendita influência se estenderá por muitas gerações, por toda a terra. Quando todo o resto do mundo era pagão, foi por meio da educação espiritual da família de Abraão que a nação judia tornou-se santa.

Se, por outro lado, esta "doutrina e admoestação do Senhor" for ignorada, não precisaremos olhar muito além para contemplar os resultados. Então, nossa única esperança é reformarmos um mundo corrupto; e esta tarefa começa na família.

Contemple os anos à frente e veja que papel os seus filhos desempenharão. Que posições ocuparão? Depende completamente de você, se eles crescem alegremente acostumados com princípios morais e se tornam amigos da santidade e da piedade.

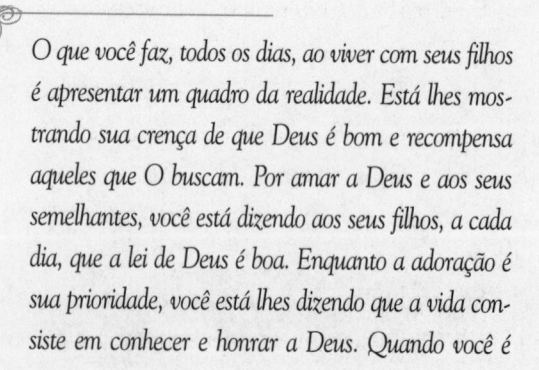

> *O que você faz, todos os dias, ao viver com seus filhos é apresentar um quadro da realidade. Está lhes mostrando sua crença de que Deus é bom e recompensa aqueles que O buscam. Por amar a Deus e aos seus semelhantes, você está dizendo aos seus filhos, a cada dia, que a lei de Deus é boa. Enquanto a adoração é sua prioridade, você está lhes dizendo que a vida consiste em conhecer e honrar a Deus. Quando você é*

amável para com as pessoas que são grosseiras, demonstra a longanimidade e bondade de Deus. Tudo o que você faz e diz conta uma história a seus filhos. É importante que a história seja verdadeira.

DEUS RECOMPENSA AQUELES QUE O BUSCAM

Você precisa saber que esta afirmativa não é completamente agradável. Deus sempre encoraja os pais com promessas e providências autênticas. Mas, desde o princípio, nossos pais acharam que tinham idéias melhores, e a sentença de morte foi lavrada. Considere, porém, em toda a História, famílias e nações que confiaram no Senhor ou que sentiram passivamente a influência do cristianismo; compare-as com aquelas que não sentiram esta influência. Logo perceberá a favorável e encorajadora influência deste princípio.

"Porque eu o escolhi para que ordene a seus filhos e a sua casa depois dele, a fim de que guardem o caminho do Senhor e pratiquem a justiça e o juízo; para que o Senhor faça vir sobre Abraão o que tem falado a seu respeito" (Gn 18.19).

Ou: "Quem dera que eles tivessem tal coração, que me temessem e guardassem em todo o tempo todos os meus mandamentos, para que bem lhes fosse a eles e a seus filhos, para sempre!" (Dt 5.29)

Ou: "Mas a misericórdia do Senhor é de eternidade a eternidade, sobre os que o temem, e a sua justiça, sobre os filhos dos filhos" (Sl 103.17).

Ou: "O justo anda na sua integridade; felizes lhe são os filhos depois dele" (Pv 20.7).

Ou: "Será abençoada a geração dos justos" (Sl 112.2).

Ou: "Derramarei água sobre o sedento e torrentes, sobre a terra seca; derramarei o meu Espírito sobre a tua posteridade e a minha bênção, sobre os teus descendentes" (Is 44.3).

Falando sobre o seu povo, Deus afirma: "Quanto a mim, esta é a minha aliança com eles, diz o Senhor: o meu Espírito, que está sobre ti, e as minhas palavras, que pus na tua boca, não se apartarão dela, nem da de teus filhos, nem da dos filhos de teus filhos, não se apartarão desde agora e para todo o sempre, diz o Senhor. Não trabalharão debalde, nem terão filhos para a calamidade, porque são a posteridade bendita do S‌ENHOR, e os seus filhos estarão com eles" (Is 59.21; 65.23).

Ou: "Ensina a criança no caminho em que deve andar, e, ainda quando for velho, não se desviará dele" (Pv 22.6).

Ou: "Para vós outros é a promessa, para vossos filhos" (At 2.39).

Ou: "Crê no Senhor Jesus e serás salvo, tu e tua casa" (At 16.31).

A graça e a providência de Deus reconhecem as obrigações e bênçãos deste vínculo especial dos pais com os filhos. O Deus de Abraão abençoa filhos obedientes por amor aos pais obedientes. Ele tem um método de passar a verdadeira religião de uma geração a outra. Deus tem um esquema de perpetuar sua igreja no mundo. Ele tem um plano de preparar o seu povo para o céu. Isto é inevitável: os filhos de pais crentes são colocados em um gracioso ambiente, no governo de Deus sobre o mundo.

A passagem clássica sobre a vocação dos pais é Deuteronômio 6, onde, por intermédio de Moisés, Deus outorgou aos pais uma visão de longo

> *alcance. A ênfase de Deus não está na sobrevivência ou em ser bem-sucedido durante a semana. A vocação da liderança espiritual é tal (v. 2) que você, seus filhos e os filhos deles podem conhecer e temer o Senhor. A visão de três gerações o ajudará a resistir às tentações de cair nos expedientes do momento. Como pais, temos preocupações maiores do que referentes ao presente; estamos preocupados a respeito de onde estarão os nossos netos daqui a cinqüenta anos.*

As famílias cristãs são os berçários do reino divino. Alguns talvez se oponham a este conceito, afirmando que os filhos de pais crentes não são mais santificados do que os filhos dos outros. Isto simplesmente não encontra apoio na realidade. Olhe para a sociedade ao nosso redor e observe que aqueles que evidenciam a verdadeira fé são — em grande maioria — os filhos de pais crentes. Neste assunto, é importante que tenhamos uma visão de longo alcance e consideremos as épocas passadas. É completamente falsa a afirmação de que os filhos de pais santos são tão maus quanto os filhos de outras pessoas.

> *Em última análise, a sua esperança, quanto a seus filhos, não está em sua habilidade ou desempenho, e sim no poder do evangelho. Seus filhos são parte de uma raça de seres caídos. Eles precisam das boas--novas do evangelho, as quais você mantém diante deles todos os dias. O evangelho é poderoso. É uma mensagem que confirma a si mesma. É adequado às necessidade de criaturas caídas. Por conseguinte, você pode viver na esperança de que o evangelho será o poder de Deus para a salvação na vida de seus filhos.*

É verdade que nem todos os filhos de pais crentes são justos. É provável que nem todos os filhos de Abraão fossem piedosos. Sabemos por certo que nem todos os filhos de Davi eram devotos, e que parte deste perfil pode ser decorrente de infidelidade paternal. Mas temos de reconhecer que o Deus de toda a terra reserva certos direitos para Si mesmo. Podemos ver por que suas promessas concernentes aos nossos filhos são gerais e indefinidas — não específicas e definidas. Os pais abusariam dessas promessas; e os filhos agiriam de maneira semelhante, colocando as suas esperanças tão--somente nos pais.

Nada pode destruir este precioso encorajamento: pais santos devem esperar que seus filhos sejam santos — e felizes. Ou este pavoroso terror: pais ímpios devem esperar que seus filhos sejam ímpios — e infelizes.

Uma mãe pode esquecer seu filho, de modo que não tenha compaixão do filho de seu ventre?

Se um filho pede um pão àquele que é seu pai, lhe dará este uma pedra?

O todo-sábio Governador do universo confiou aos pais a felicidade e santidade dos filhos. Por qual incentivo mais poderoso que este Ele poderia governar um mundo constituído de famílias?

Capítulo 4

Coragem!
Tenha Coragem!

NÃO SE CANSE DE FAZER O BEM

O tempo de Deus para a conversão de seu filho pode não ser o seu tempo. Seus esforços podem parecer inúteis — até por muitos anos. Mas você, provavelmente, verá, no final, seu filho se regozijando nas graças e consolações da santidade.

Aquele que sai andando e chorando, enquanto semeia a preciosa semente, voltará, sem dúvida, com alegria, trazendo os seus feixes (ver Sl 26.6).

Um filho ingrato, de coração endurecido, talvez magoe o seu coração muitas e muitas vezes. Talvez o encha de tristeza, até à morte, mas você pode olhar para trás, contemplar a fidelidade de Deus e reconhecer que não foi negligente, nem deixou de confiar nas promessas dEle.

Um dos resultados libertadores de reconhecermos nossa fraqueza e necessidade espiritual, como crentes, é a ajuda que podemos receber de outros. Se reconhecemos que somos pecadores, pecadores redimidos, mas ainda pecadores, e se vivemos na verdade da justificação, sabendo que Deus nos aceitou por amor a Jesus, então, podemos nos abrir à ajuda de outros crentes.

É uma coisa maravilhosa abaixar a guarda e dizer aos outros que o amam e têm sabedoria e entendimento bíblico: "Veja: estou tentando o melhor para cumprir o que Deus me chamou a fazer, mas sou fraco e meus pecados, para os quais sou cego, entram no meu caminho. Preciso da ajuda de vocês".

Este é um sinal de santidade. Você consegue ouvir, com alegria, as correções e conselhos de outros crentes que lhe antecederam neste mesmo esforço? Você está regularmente ensinando os seus filhos a lerem a Palavra de Deus? (Você lê a Palavra de Deus?) Você os instrui nas grandes e eternas verdades do cristianismo? Você ora com eles, em favor deles mesmos e os ensina a orar? (Você também ora?)

SEJA UM PAI CORRIGÍVEL

Talvez tudo isto seja feito com fidelidade, e seus filhos em breve o louvarão por isto. Mas, se você reconhece ser infiel em praticar estas coisas, sabe também que esta infidelidade entristece imensamente a Deus. E você sentirá as amargas conseqüências, para sempre. Sim, Deus pode permitir que seus filhos vivam em grande impiedade, diante de seus olhos. Você pode até viver para vê-los mergulhar na morte e no inferno.

Você permanece entre Deus e a bênção dEle para seus filhos? Tenho um conselho simples: mude imediatamente. Pegue seu filho pelas mãos — enquanto pode — e ande com ele nas veredas da santidade e da salvação.

Olhe para seus filhos. Olhe para a criação que lhes está dando. Contemple antecipadamente o desenvolvimento deles através deste mundo sedutor. Contemple a morte e o julgamento. Você os encontrará ali — com alegria? Na manhã da ressurreição, você saudará seus filhos e filhas com um sorriso?

FILHOS, CONSIDEREM SUAS IMPORTANTES OBRIGAÇÕES

Honrem a seu pai e sua mãe, para que seus dias sejam longos sobre a face da terra que o Senhor, seu Deus, lhes tem dado.

Temos visto esta promessa cumprir-se com deleite. E, tragicamente, temos visto sua ameaça implícita sendo executada com vigor. Em Nova Iorque, esta cidade condenável, onde as modas e tendências populares são poderosíssimas, vi muitos jovens entrando na perigosa correnteza e pagando um preço elevadíssimo, porque menosprezaram as autoridades.

Filhos, obedeçam aos seus pais no Senhor, porque isto é justo. Mas desejo muito mais de vocês. Desejo que o coração, a vida e a existência de vocês sejam dAquele que os criou e os comprou com seu próprio sangue.

Lembrem agora do Criador de vocês, nos dias da mocidade. Busquem o Senhor, enquanto podem achá-Lo. Invoquem-nO, enquanto está perto.

Ouçam-me ainda, se desprezarem esta grande salvação, qual é a grande obsessão que os arrasta à ruína e ao desespero? Digam-me que isto não é minha imaginação. Vocês estão se divertindo com aquilo pelo que choram os santos na glória? Vocês foram criados na santidade apenas para a sociedade e para a utilização por parte dos demônios? Não permitam que o mundo de trevas se regozije com o fato de que vocês, objetos de tantas orações e lágrimas, tornem-se filhos dele.

Capítulo
5

O Dever da Instrução por meio do Catecismo

Archibald Alexander, D.D.
1837

Em uma época como a nossa, quando instruções formais por meio de catecismos estão quase extintas, artigos como este, de Archibald Alexander, são um fôlego de ar puro e um corretivo necessário para nossa negligência no treinamento formal.

A sua vida diária de fé motivará o seu ensino de catecismo, além da memorização de verdades teológicas. Os filhos aprenderão, com mais poder, o significado de palavras que nos dizem "devemos glorificar a Deus, amando-O e *obedecendo aos seus mandamentos. O valor do catecismo aumentará à medida que este encontra expressão em sua vida.*

Este artigo foi publicado originalmente em 1837, pela Junta Presbiteriana de Publicações.

A instrução catequética — o ensino oral — era parte da vida diária na história da primeira família humana.

O primeiro homem certamente transmitiu grande quantidade de idéias importantes aos seus filhos; e estes o fizeram aos seus descendentes, com diferentes graus de habilidade e exatidão.

O lar foi, por muito tempo, o lugar habitual da instrução. Ali, o piedoso patriarca gastaria horas transmitindo aos filhos, que o ouviam, as lições aprendidas de seus pais, em sua mocidade, e as que aprendera por experiência própria. Esse tipo de instrução era conhecido como *catequização*, que significa "comunicação oral de conhecimento".

À medida que esses pais cumpriam fielmente seu dever, removiam as trevas da ignorância e da idolatria. Quando deixavam essa instrução cair em desuso, o erro e o pecado certamente viriam em seguida.

Deus qualificou Abraão para este tipo de ensino: "Porque eu o escolhi para que ordene a seus filhos e a sua casa depois dele, a fim de que guardem o caminho do Senhor e pratiquem a justiça e o juízo" (Gn 18.19).

Por meio de Moisés, Deus insistiu neste dever mais do que em outros deveres: "Estas palavras que, hoje, te ordeno estarão no teu coração; tu as inculcarás a teus filhos, e delas falarás assentado em tua casa, e andando pelo caminho, e ao deitar-te, e ao levantar-te" (Dt 6.6,7).

E o salmista disse: "Ele... ordenou a nossos pais que os transmitissem a seus filhos, a fim de que a nova geração os conhecesse" (Sl 78.5,6).

A palavra *catequizar* vem de um verbo grego que significa "instruir com a voz". A palavra grega inclui todos os tipos de instrução oral e elementar e seria bom trazermos este vocábulo de volta ao seu significado original.

Não importa qual seja o caso, as Escrituras parecem reconhecer plenamente esta forma de instrução, mesmo quando ela exige a pregação da Palavra. Na verdade, se os sermões longos e bem elaborados fossem o único meio de ensinarmos a verdade, pouca informação penetraria no coração dos jovens e dos pouco instruídos.

Para que a pregação seja útil, ela pressupõe — e requer — algum tipo de conhecimento introdutório nos ouvintes. As crianças precisam aprender de outra maneira.

De Viva Voz. Os apóstolos e os primeiros ensinadores do cristianismo ocuparam-se, indo de casa em casa, ministrando instrução espiritual. Sabemos que na igreja primitiva as crianças eram *catequizadas*, cuidadosamente, por meio do ensino familiar.

Em toda igreja, havia classes de *catecúmenos*, que formavam um tipo de escola. Nestas classes, os primeiros princípios do cristianismo eram ensinados, e os credos primitivos, a Escritura Sagrada e as doutrinas cristãs eram memorizados.

Algumas dessas escolas tornaram-se muito famosas, com professores de alto caráter e inteligência, ensinando doutrina e piedade. Os amantes da literatura sagrada, de todas as partes do mundo conhecido, freqüentavam essas escolas. Em Alexandria, no Egito, o grande mestre Orígenes foi ensinado em uma das mais famosas escolas e, posteriormente, tornou-se um mestre ali.

Até as trevas se espalharem sobre a Igreja, e seus falsos pastores privarem as pessoas das Escrituras, a Igreja era, como sempre deveria ser, uma grande escola.

Ali, santos homens de Deus dedicaram seu tempo à instrução da nova geração e de convertidos à fé.

Na instrução catequética, o grande segredo era — e continua sendo — um pouco de cada vez, repetido freqüentemente. Quem deseja ser bem-sucedido em ensinar crianças e adultos pouco instruídos não deve tentar encher imediatamente a cabeça deles com muitas coisas. Isto é tão irracional quanto a tentativa de tornar um corpo robusto e vigoroso por encher o estômago com tanta comida quanto este possa agüentar!

E as verdades principais deveriam ser o mais simples possíveis. Mentes frágeis não devem ser alimentadas com alimento forte, e sim com puro leite. Esta é a etapa mais difícil da educação — e a mais importante.

A Bíblia começa com fatos históricos; é assim que deveria iniciar-se toda educação religiosa. O fato de que as crianças tendem a absorver rapidamente este tipo de conhecimento não é algo insignificante. Em idade bem tenra, os mais importantes ensinos doutrinários e morais podem ser enxertados nos fatos das Escrituras.

As crianças, admitimos, não entendem completamente os catecismos doutrinários. Todavia, guardar na memória estas verdades profundas não lhes fará nenhum mal. Não será muito melhor ter suas jovens mentes repletas de verdades salutares do que de recordações vazias ou prejudiciais? Posteriormente, a recordação dos ensinos de um catecismo pode ser de extremo valor, quando uma pessoa está procurando a essência da verdade, ou quando ela não tem qualquer outro critério doutrinário, ou simplesmente não tem qualquer veículo de informação correta.

Deveríamos ressuscitar o velho costume de dedicar a noite do domingo para catequizar os filhos. Se os cultos da igreja tomam esse tempo, podemos facilmente encontrar uma hora em outra noite para esta importante tarefa. Isto é tão útil para os pais quanto para os filhos.

Ora, estas instruções familiares devem ser realizadas com grande seriedade e cordialidade, com afeição e ternura. Repreensão e disciplina devem ser evitados nesta hora.

Deixemos que outras pessoas nos excedam em especulações filosóficas e informações de assuntos mundanos. Sejamos conhecidos por um saber correto e completo das verdades da Escritura e das doutrinas práticas da igreja. Com certeza, estas verdades podem não impedir que alguém cometa um pecado público, mas até neste caso a força da verdade se faz sentir. Por conhecer a verdade, o transgressor será mais provavelmente convencido do erro de seus atos.

Além disso, quando a mente está sob séria influência de todos os tipos de ensinos espirituais, as verdades que foram ensinadas desde cedo, mas esquecidas por muito tempo, retornarão à memória. Elas guardarão as mentes treinadas de jovens crentes de erros entusiastas nos quais eles são propensos a cair.

Foi com extraordinária providência que a Assembléia de Teólogos de Westminster preparou dois catecismos diferentes. O maior dos dois catecismos foi amplamente aprovado, mas considerado demasiadamente grande para ser memorizado pelas crianças. Os teólogos, então, preparam um segundo catecismo, menor. Este contém a essência e muito da linguagem da versão anterior. Durante séculos, as crianças têm sido capazes de aprender e recitar verdades espirituais das Escrituras.

Embora esta prática pareça ter caído em completo desuso, as crianças que aprendem em catecismos que ensinam as verdades bíblicas adquirem um tesouro mais precioso do que a prata e o ouro. Um filho armado com esta visão ampla da verdade divina não será levado "ao redor por todo vento de doutrina" ou por qualquer entusiasmo frenético espalhado pelo mundo. Quando esse filho lê livros espirituais ou ouve sermões, não somente entenderá melhor do que os outros, mas também levará consigo um critério para avaliar a exatidão do que lê ou escuta. Ele será capaz de julgar todas as coisas e reter o que é bom.

Quem deve ministrar a instrução por catecismos? Qualquer pessoa que pode ensinar corretamente a verdade divina. Este é um dever especialmente dos pais, presbíteros e pastores. Podemos argumentar fortemente em favor de escolas dominicais, que instruem a partir da Bíblia e de catecismos.

O pastor de uma igreja precisa ter um interesse vívido e profundo nesta importante tarefa. Caso ele se mostre indiferente, pouco bem resultará do ensino. Mas, se ele se esforçar para que este ensino seja sadio e interessante... se ele, assim como outros bons professores, propuser discussões e perguntas e recomendar aos alunos bons livros sobre o assunto... se ele discutir livremente estes temas importantes com os jovens, despertará um novo espírito de investigação e busca pelo conhecimento espiritual.

Se nossas escolas bíblicas fossem o que deveriam ser — seminários onde a doutrina bíblica é ensinada com cuidado, então, nossos professores seriam todos catequizadores. As crianças seriam treinadas no conhecimento de Deus e em seus deveres.

Assim, este é um trabalho para os presbíteros da igreja. Como líderes dos crentes, eles devem estar à frente dos membros na instrução espiritual. Todo presbítero deveria ter responsabilidade sobre algumas pessoas de sua igreja, famílias que ele visitasse com freqüência e ensinasse por meio de catecismo.

Se os presbíteros que administram a igreja não se envolvem nesta tarefa, são inadequados ao ofício que mantêm e, neste caso, talvez sejam de pouca utilidade para a igreja.

Em nossos dias, existe uma reclamação geral de que nossos presbíteros não estão bem qualificados para cumprirem sua função. Como remediar este mal? Surpreendentemente, apenas cumprindo o seu trabalho: ensinando as doutrinas da igreja. Geralmente, utilizando estes meios, obterão fome e sede pela verdade, e logo aumentarão os estoques de sã doutrina, na igreja e em si mesmos.

Nesse ínterim, os pastores devem se reunir semanalmente com seus presbíteros tendo o propósito único de conversarem sobre suas funções. Em breve, aqueles presbíteros que se mostrarem sérios a respeito de cumprirem fiel e prudentemente o seu trabalho, serão mais bem preparados para a obra.

O ensino por meio de catecismo toma mais tempo dos presbíteros do que eles podem dispor? Esta é uma pergunta razoável e nos traz ao ponto anterior: as escolas, entre os crentes, deveriam ter como alvo principal o educar as crianças no conhecimento das coisas espirituais. O ideal seria que os catequistas das igrejas fossem professores nessas escolas. A verdade é que os pais deveriam tributar maior valor neste tipo ensino do que estão acostumados a fazê-lo. E à igreja caberia o empenhar-se em treinar esses professores.

O antigo método de catequizar não estava confinado às crianças; estendia-se a todos que faziam parte da igreja, exceto aos que estavam liderando a tarefa. O estudo do catecismo geralmente termina rápido e, com isto, acaba-se o interesse. Crianças entre 12 e 14 anos podem imaginar que são velhas demais para repetir o catecismo.

Somos grandes amigos da instrução nas verdades da Palavra de Deus e cremos que, neste importantíssimo tempo de nossa vida, uma combinação de extensa instrução por catecismos e aulas bíblicas é valiosa. Quem não precisa aprender de ambas as formas de instrução? O que neste mundo é tão digno de nosso tempo e esforço quanto o conhecimento da Palavra de Deus?

Finalmente, todos aqueles a quem Deus outorgou o talento de escrever bem sobre teologia não devem enterrá-lo ou escondê-lo. Nunca houve um tempo de tão grande necessidade de boa argumentação e capacidade de escrever para combater a enxurrada de erro, que procede de muitas fontes.

Nunca houve um tempo em que os efeitos de bons livros se mostrassem tão abrangentes.

Por meios que não existiam antes, temos a oportunidade de fazer circular a verdade e opiniões em todo o mundo. Se os homens crentes dormirem, não há dúvida de que o inimigo semeará abundantemente o seu joio.

Portanto, os amigos da verdade devem ser vigilantes e prudentes, prontificando-se a aproveitar as oportunidades de iluminar o mundo com as puras doutrinas da Palavra de Deus.

FIEL MINISTÉRIO

O Ministério Fiel tem como propósito servir a Deus através do serviço ao povo de Deus, a Igreja.

Em nosso site, na internet, disponibilizamos centenas de recursos gratuitos, como vídeos de pregações e conferências, artigos, *e-books*, livros em áudio, blog e muito mais.

Oferecemos ao nosso leitor materiais que, cremos, serão de grande proveito para sua edificação, instrução e crescimento espiritual.

Assine também nosso informativo e faça parte da comunidade Fiel. Através do informativo, você terá acesso a vários materiais gratuitos e promoções especiais exclusivos para quem faz parte de nossa comunidade.

Visite nosso website

www.ministeriofiel.com.br

e faça parte da comunidade Fiel

Esta obra foi composta em Goudy Old Style 10,4, e impressa
na Promove Artes Gráficas sobre o papel Pólen 70g/m2,
para Editora Fiel, em Junho de 2024